A História

A História
Olgária Matos

FILOSOFIAS: O PRAZER DO PENSAR
Coleção dirigida por
Marilena Chaui e Juvenal Savian Filho

wmf **martinsfontes**
São Paulo 2011

*Copyright © 2011, Editora WMF Martins Fontes Ltda.,
São Paulo, para a presente edição.*

1ª edição 2011

Acompanhamento editorial
Helena Guimarães Bittencourt
Revisões gráficas
Letícia Braun
Maria Fernanda Alvares
Edição de arte
Katia Harumi Terasaka
Produção gráfica
Geraldo Alves
Paginação
Moacir Katsumi Matsusaki

**Dados Internacionais de Catalogação na Publicação (CIP)
(Câmara Brasileira do Livro, SP, Brasil)**

Matos, Olgária
 A História / Olgária Matos. – São Paulo : Editora WMF Martins Fontes, 2011. – (Filosofias : o prazer do pensar / dirigida por Marilena Chaui e Juvenal Savian Filho)

ISBN 978-85-7827-392-7

1. História 2. História – Filosofia I. Chaui, Marilena. II. Savian Filho, Juvenal. III. Título. IV. Série.

11-02349   CDD-901

Índices para catálogo sistemático:
1. Filosofia da história 901

Todos os direitos desta edição reservados à
Editora WMF Martins Fontes Ltda.
*Rua Conselheiro Ramalho, 330 01325.000 São Paulo SP Brasil
Tel. (11) 3293.8150 Fax (11) 3101.1042
e-mail: info@wmfmartinsfontes.com.br http://www.wmfmartinsfontes.com.br*

SUMÁRIO

Apresentação • 7
Introdução • 9

1 A objetividade da História • 17
2 A História mestra da vida • 30
3 Da História à Filosofia da História • 39
4 Conclusão • 56

Ouvindo os textos • 67
Dicas de viagem • 77
Leituras recomendadas • 83

APRESENTAÇÃO
Marilena Chaui e Juvenal Savian Filho

O exercício do pensamento é algo muito prazeroso, e é com essa convicção que convidamos você a viajar conosco pelas reflexões de cada um dos volumes da coleção *Filosofias: o prazer do pensar*.

Atualmente, fala-se sempre que os exercícios físicos dão muito prazer. Quando o corpo está bem treinado, ele não apenas se sente bem com os exercícios, mas tem necessidade de continuar a repeti-los sempre. Nossa experiência é a mesma com o pensamento: uma vez habituados a refletir, nossa mente tem prazer em exercitar-se e quer expandir-se sempre mais. E com a vantagem de que o pensamento não é apenas uma atividade mental, mas envolve também o corpo. É o ser humano inteiro que reflete e tem o prazer do pensamento!

Essa é a experiência que desejamos partilhar com nossos leitores. Cada um dos volumes desta coleção foi concebido para auxiliá-lo a exercitar o seu pensar. Os temas foram cuidadosamente selecionados para abordar os tópicos mais importantes da reflexão filosófica atual, sempre conectados com a história do pensamento.

Assim, a coleção destina-se tanto àqueles que desejam iniciar-se nos caminhos das diferentes filosofias como àqueles que já estão habituados a eles e querem continuar o exercício da reflexão. E falamos de "filosofias", no plural, pois não há apenas uma forma de pensamento. Pelo contrário, há um caleidoscópio de cores filosóficas muito diferentes e intensas.

Ao mesmo tempo, esses volumes são também um material rico para o uso de professores e estudantes de Filosofia, pois estão inteiramente de acordo com as orientações curriculares do Ministério da Educação para o Ensino Médio e com as expectativas dos cursos básicos de Filosofia para as faculdades brasileiras. Os autores são especialistas reconhecidos em suas áreas, criativos e perspicazes, inteiramente preparados para os objetivos dessa viagem pelo país multifacetado das filosofias.

Seja bem-vindo e boa viagem!

INTRODUÇÃO
História da História

1. A pré-história da História

Há uma afirmação conhecida desde a Grécia arcaica segundo a qual "a verdade é filha do tempo". Portador de sabedoria, com o tempo se aprende por que os homens podem lembrar. Mas também se dizia que ele traz esquecimento. Para o pitagórico Páron (séc. V a.C.), o tempo era "rei da ignorância".

Os seguidores de Pitágoras (c. 570 a.C.-c. 496 a.C.) acreditavam na transmigração das almas e em sua imortalidade, esmerando-se em recordar antigas encarnações: o memorioso Pitágoras conhecia "toda a história de sua alma". Conta-se que um dia em que estava à procura de bezerrinhos perdidos nos campos de seu pai, por volta do meio-dia, entrou na gruta de Zeus Dicteano e lá adormeceu, tendo, em sonho, encontrado as deusas Verdade (*Alétheia*) e Justiça (*Diké*), com quem conversou. Despertando muitos anos depois, e apenas ao retornar, deu-se conta do tempo transcorrido, percebendo que todas as coisas tinham mudado, e seu irmão, antes uma criança, era agora um ancião. Por isso, Aristóteles (385 a.C.-322 a.C.) viria a associar a consciência do tempo à das transformações, citando o exemplo dos adormecidos lendários da Sardenha, que, após se terem abandonado ao sono junto aos heróis, acordaram e não notaram que o tempo havia passado, pois, sem consciência de qualquer mudança, ligaram o momento do despertar ao instante em que dormiram.

A percepção das transformações temporais viria a ser uma das marcas fundamentais de reconhecimento do que significa um "acontecimento histórico". Para distingui-lo da simples ocorrência de algo, o filósofo contemporâneo Martin Heidegger (1889-1976) opõe "ocorrido" a "acontecimento". O que os diferencia são as alterações de mentalidade e de compreensão do mundo que os autênticos acontecimentos históricos, diferentemente do acontecido, implicam (cf. M. Heidegger, "Posfácio" a *O que é metafísica?* Trad. Ernildo Stein. São Paulo: Duas Cidades, 1989). Razão pela qual é preciso transcorrer o tempo para que algo possa ou não ser considerado um marco histórico.

Recordação e esquecimento em sentido histórico referem-se à verdade do passado. A *alétheia* grega – que se traduz por "verdade" – é palavra em que o prefixo *a* indica privação, e *léthe* designa algo esquecido, a letargia, o "latente". No mito, *Léthe* é o rio do esquecimento que escoa no mundo subterrâneo, conferindo esquecimento à alma dos mortos que se encaminham ao Hades, e *Alétheia* é a planície da verdade, do não esquecimento, do reconhecimento. Verdade não é apenas o que é lembrado, mas também o "inesquecível". Não se tratará, para a História, de predeterminação entre acontecimentos, tampouco da aceitação indiscriminada de qualquer fato como venerável e histórico. É porque o que estava "esquecido" pode vir a ser encontrado, como documentos antigos desaparecidos, que há periodicamente revisões do passado. Por isso, na Antiguidade, denominava-se *Léthe* a personificação do esquecimento e *Mnemosúne* a Memória, mãe das musas. O poeta é, na Grécia antiga, o "mestre da verdade" que, sob inspiração divina, vê "o que foi, o que é e o que será", o presente, o passado e o futuro, para que os acontecimentos dignos de serem lembrados não desapareçam irremediavelmente.

A História começa, pois, com Homero (séc. VIII a.C.), que narra a Guerra de Troia: "Ó Musas, me dizei, moradoras do Olimpo, divinas, todo-presentes, todo-sapientes (nós, nada mais sabendo, só a fama ouvimos), quais eram, hegemônicos, guiando os Dânaos, os príncipes e os chefes. O total de nomes da multidão, nem tendo dez bocas, dez línguas, voz inquebrantável, peito brônzeo, eu saberia dizer, se as Musas, filhas de Zeus porta-escudo, olímpicas, não deram à memória ajuda, renomeando-me os nomes. Só direi o número das naves e os navarcas que assediaram Troia" (Homero, *Ilíada*, canto II, versos 484 ss. Trad. Haroldo de Campos. São Paulo: Arx, 2008, vol. 1, p. 95). Seguem-se, então, os nomes dos comandantes, de seus progenitores, de suas cidades de origem – se bem construídas e venerandas –, sua localização geográfica – se verdejantes ou áridas –, as habilidades próprias de cada um no manejo das armas, na direção dos barcos, a disposição dos exércitos, seu ânimo na batalha, as cabeleiras dos guerreiros. A época em que a civilização grega se baseava na tradição oral, e não na escrita, exigia o apoio ativo da memória, por isso mesmo considerada uma deusa, *Mnemosúne*, cuja filha, Clio (*Kleió*), presidia a poesia, onisciente e divinatória. Com as Musas, filhas da Memória, o poeta tem acesso a uma visão pessoal do acontecimento que ele evoca, entrando em contato direto com esse "outro mundo" desaparecido.

Na linhagem de Homero, Hesíodo, no século VIII a.C., também ele poeta, se atribui a função de "celebrar os Imortais [os deuses] e as façanhas dos homens valorosos". A História e a escrita da História começam na Grécia, com o poeta. No Egito Antigo, cujos relatos remontam a quarenta séculos antes de nossa era, os anais encontrados registram as ações dos reis consideradas importantes, mas não há neles uma preocupação com o passado, e sim um desejo de eternidade, pois o que mais animava escribas e reis que escreviam a História era a vida depois da morte e a construção de necrópoles. Quanto à Bíblia, tão impregnada pela memória, ela não apresenta propriamente curiosidade com respeito ao passado. O Antigo Israel recebe a ordem de "tornar-se uma dinastia de sacerdotes e uma nação santa; em parte alguma sugere-se que se torne uma nação de historiadores" (cf. Y.-H. Yerushalmi,

Zakhor – histoire juive et mémoire juive. Paris: La Découverte, 1984, p. 226).

Aristóteles, entre os séculos V e IV a.C., conferia uma mesma tarefa ao poeta e ao historiador, mas considerando a poesia superior à História por tratar do universal – não apenas do que foi, mas do que poderia ser e ter sido –, enquanto a História lida com o particular, o acontecido. Ambos, poeta e historiador, fazem perdurar as coisas na recordação.

2. A narração

Encontram-se, na *Odisseia*, as relações entre poesia e narrativa quando Ulisses, no fim da Guerra de Troia, voltava para Ítaca, e naufraga no reino dos Feácios. O rei o recebe segundo as leis da hospitalidade e, sem o conhecer, oferece-lhe banho e alimentos, preparando-lhe repouso e uma recepção festiva. Durante as comemorações, um aedo narra um dos episódios da guerra, do qual Ulisses fora o protagonista. Ao escutar a história de seus próprios feitos e sofrimentos, não pôde conter o pranto. Comover-se com o passado quando não se foi afetado de tristeza no momento em que era vivido revela que a narração faz dos acontecimentos algo que parece exterior: tais momentos tornaram-se História e a vida, experiência. Ao não esquecimento associa-se ainda uma função terapêutica, sentido último da História antiga, a "reconciliação com a realidade através das lágrimas da recordação". Recordação em sentido primordial, pois quem, senão Homero, reconstruiu Troia, da qual até mesmo as ruínas haviam desaparecido?

No poema épico encontra-se a personagem do *hístor*, o árbitro de uma situação de conflito. Assim, na *Ilíada*, dois homens em grave desacordo decidem apelar para um *hístor*: "E a multidão na praça estava em massa. Lá uma disputa levantara-se: dois homens discutiam por causa da sanção por um homem morto. Um jurava tudo ter pago, ao povo falando; o outro negava ter recebido algo. Os dois foram a um árbitro (*hístor*) para receber a sentença. A multidão, em volta, aplaudia, favorável a um ou a outro, e arautos então a multidão continham e arautos portavam seus cetros, voz sonora; tomando-os, erguiam-se e ditavam suas sentenças. E, um após outro, julgam. E eis que jazem, no centro, dois talentos de ouro, para dar a quem entre eles a sentença mais reta ditar" (*Ilíada*, canto XVIII, versos 488 ss.). *Hístor* é também uma fórmula de juramento: "*hístor* Zeus" significa "que Zeus seja testemunha". A testemunha é o *mártus*, "aquele que sabe, mas, antes de tudo, aquele que viu". *Hístor* não é a testemunha ocular, mas quem promove uma investigação. Seu papel se aproxima do *mnémon*, a testemunha pública que guarda a lembrança do passado em vista de uma decisão judicial. Mas o poeta celebra os feitos dignos de serem narrados e, trazido para os banquetes, se espera que proporcione prazer e esquecimento das aflições. Desse modo, Hesíodo escreve: "pois se alguém, triste no ânimo recém-ferido, teme com aflito coração, tão logo o aedo, servo das Musas, a fama dos primeiros homens cante, e os ditosos deuses que têm o Olimpo, súbito esquece ele as aflições e de nenhuma preocupação se lembra: rápido o revolvem os dons das deusas" (Hesíodo, *Teogonia*, versos 93-103. Trad. Jaa Torrano. São Paulo: Iluminuras, 2007).

Desde o início, aproximam-se a arte de lembrar e a arte de esquecer.

1. A objetividade da História

1. O relato dos antigos

No século V a.C., Escopas, o pugilista que venceu uma luta, contrata o poeta Simônides (556 a.C.-467 a.C.) para compor em sua homenagem um hino de louvor para a festa da vitória. No século I romano, o filósofo Cícero (102 a.C.-43 a.C.) e o gramático Quintiliano (30 d.C.-100 d.C.) retomam sua História. Durante o banquete para o qual também havia sido convidado, Simônides é inesperadamente chamado para fora da sala pelo porteiro, pois dois jovens procuravam por ele. Lá chegando, não encontrou ninguém. Nesse momento, o teto do salão desaba, soterrando os convidados e o anfitrião, mas poupando Simônides de uma morte certa. Quando, depois da desgraça, os parentes querem enterrar seus mortos, encontram os corpos tão mutilados que não é possível identificá-los. Dotado de vívida memória visual, Simônides vem em socorro dos parentes, pois recorda exatamente o lugar ocupado pelos convivas do encontro.

Simônides é considerado, na tradição filosófica, o inventor da "arte da memória", a mnemotécnica, com a qual se vence o esquecimento. Conta Cícero que Temístocles (528 a.C.-462 a.C.), político e general de Atenas, certo dia foi procurado por Simônides para lhe ensinar a arte da memória, de modo que pudesse recordar-se de tudo, ao que o general teria respondido não precisar disso. Ao contrário, antes de recordar tudo o que fosse possível, preferia aprender a esquecer o que quisesse esquecer. Em vez de uma arte da memória, buscava a arte do esquecimento.

Para Cícero, Heródoto (484 a.C.-420 a.C.) é o "pai da História". Este, no prefácio de suas *Histórias*, oferece para o Ocidente a certidão de nascimento da ciência nova. Ciência em sentido próprio, pois Heródoto propõe relatar acontecimentos, esforçando-se por se afastar das narrativas épicas dos poetas, para garantir a "objetividade" do que vai ser enunciado. Para tanto, não aceita mais as Musas antigas que inspiravam os aedos, devendo o historiador fazer ver o que não se viu, tomando posição sobre o que narra, apresentando-se diretamente como autor. Em lugar das Musas, a História de Heródoto põe em cena todas as opiniões conhecidas sobre acontecimentos, sustentadas por uns e por outros. Sua vida inscreve-se entre os dois grandes conflitos do século V a.C., as Guerras Médicas, que ele não viveu, e as Guerras do Peloponeso, cujo início talvez ele tenha vivido. Nomeando-se a si mesmo, mas em terceira pessoa, anota: "Heródoto de Halicarnasso expõe aqui suas pesquisas, para impedir que o que fizeram os homens com o tempo não se apague da memória, e que grandes e maravilhosas façanhas (*érga*) realizadas tanto pelos bárbaros quanto pelos gregos não cessem de ser contadas; em particular, o que foi causa de que gregos e bárbaros entrassem em guerra uns contra os outros" (Heródoto, "Histórias", in: F. Hartgo, *A história de Homero a Santo Agostinho*. Trad. Jacyntho Brandão. Belo Horizonte: Ed. da UFMG, 2001, p. 47). O que o historiador pretende narrar é o fato – a guerra –, oferecendo excelência ou um valor excelente (*tà areté*), tornado manifesto pelos grandes feitos daqueles que dela participaram, e apresentar as causas da guerra, a razão profunda (*aitía*) responsável pelo conflito, os atos que deram começo ou princípio (*arché*) à guerra, as disposições e intenções desmedidas que desencadearam o conflito, bem como os argumentos e justificativas dos participantes da contenda. Procurando a gênese do acontecimento, aquilo que responde por ele e o diferencia dos demais, aquele princípio que preside e movimenta os acontecimentos e os atos que deram começo à guerra, ele fornece a causa (*aitía*), o que sustenta o devir incessante do mundo.

Encontrando na sequência temporal do rapto de mulheres a gênese dos conflitos entre gregos e bárbaros, não aceita a ideia corrente de que a Guerra de Troia – que tantos sofrimentos trouxe a gregos e troianos – foi causada pelo rapto de Helena. Dando voz a diversas opiniões, escreve que tudo começa com o rapto da jovem Io pelos fenícios, que, grandes navegantes, haviam chegado a Argos, na Grécia, para comerciar. Tendo avistado mulheres na praia e tendo elas subido ao navio para as compras, tentaram raptá-las. A única que não conseguiu fugir foi a filha do rei, Io, que assim foi levada para o Egito. Isso, contam os persas, teria sido a primeira das injustiças que se seguiriam. Depois, os gregos chegaram a Tiro, na Fenícia, e raptaram Europa, a filha do rei, ficando, assim, "elas por elas". Então, os gregos foram os autores de uma segunda injustiça, pois raptaram Medeia na Cólquida. E quando o pai quis a filha de volta, os gregos responderam ter feito justiça ao rapto de Io e a Argos, e que, por isso, não haveriam de oferecer nenhuma compensação. Veio Páris de Troia a Esparta e era sabedor de que os gregos não concediam indenização por injustiças, porque não as haviam reparado quando o rei, pai de Medeia, o pedira. Os gregos, ao receberem a notícia do rapto de Helena, pediram justiça, enviando mensageiros para trazê-la de volta. Mas os de Troia lhes responderam que os gregos haviam raptado Medeia. Heródoto escreve: "assim, até então, havia apenas raptos mútuos, mas depois disso os gregos tornaram-se grandes culpados: foram os primeiros que começaram por enviar expedições à Ásia, antes que os outros à Europa. [...] A partir disso, [os bárbaros] sempre consideraram que o que é grego é seu inimigo. Pois reivindicam como seus a Ásia e os povos bárbaros que a habitam, enquanto consideram algo distinto a Europa e o que é grego. Assim dizem os persas [...]. Eu, sobre essas coisas, não irei dizer que aconteceram assim ou assado. Aquele que eu próprio sei ter sido o primeiro a começar as ações injustas contra os gregos, indicarei e seguirei a sequência narrativa, percorrendo por igual as pequenas e as grandes cidades dos homens. Pois a maioria daquelas que antigamente eram grandes tornaram-se pequenas. Sabendo, portanto, que a felicidade humana jamais permanece no mesmo ponto, recordarei igualmente ambos os tipos" (Heródoto, "Histórias", op. cit.). Heródoto não aceita mais a tradição para a qual a Guerra de Troia aconteceu porque a "adúltera Helena" abandonara marido, filhos e o palácio real para fugir com Páris, príncipe de Troia. Quer dar as "verdadeiras razões" pelas quais o conflito se instalou, as pretensões humanas, seu desejo de poder, riquezas, honrarias e glória, que violam a justiça. Valendo-se de relatos de viagens como documento, observa que esse conflito pelo rapto de uma mulher poderia ser solucionado diplomaticamente. Além disso, ensina que a relação entre gregos e bárbaros é especular: um é o espelho invertido do outro.

2. A objetividade dos antigos

Além das causas – que não possuem o sentido de relação mecânica de causa e efeito, mas de razão de ser e sentido que presidem os acontecimentos –, Heródoto propõe conferir igual cidadania às partes, como na descrição dos costumes de egípcios e gregos.

Em seu ensaio "O conceito de história antigo e moderno", Hannah Arendt (1906-1975) encontra em Homero uma forma superior de objetividade histórica que se perdeu quando a História moderna se definiu como ciência objetiva da qual está ausente o narrador que se faz ora "objetivo", exterior aos acontecimentos, ora divide a História em vencedor e vencido, contando a História do vencedor, que, pela circunstância de ter vencido, coloca o êxito como marca da objetividade histórica. Em Homero, ao contrário, encontra-se a mais elevada forma de objetividade: "a imparcialidade", escreve Hannah Arendt, "e com ela toda a historiografia legítima, veio ao mundo quando Homero decidiu cantar os feitos dos troianos não menos que os dos aqueus, e louvar a glória de Heitor não menos que a grandeza de Aquiles. Essa imparcialidade homérica, que ecoa em

Heródoto, que decidiu impedir que 'os grandes e maravilhosos feitos de gregos e bárbaros perdessem seu devido quinhão de glória', é ainda o mais alto tipo de objetividade que conhecemos. Não apenas deixa para trás o interesse comum no próprio lado e no próprio povo, que até os nossos dias caracteriza quase toda a historiografia nacional, mas descarta também a alternativa de vitória ou derrota, considerada pelos modernos expressão do julgamento 'objetivo' da própria História, e não permite que ela interfira com o que é julgado digno de louvor imortalizante" (H. Arendt, *Entre o passado e o futuro*. Trad. Mauro Barbosa de Almeida. São Paulo: Perspectiva, 1979, p. 81).

As palavras "História" e "historiador" formaram-se a partir do verbo *historeîn*, que, por sua vez, deriva de *hístor*, remetendo a *ideîn* – ver – e *oída* – saber. Ver e saber significam que o historiador é testemunha ocular que conta o que viu ou o que contaram outros que também viram. Agora, o historiador não é mais o poeta ou o aedo, nem aquele que vem dirimir querelas. Seu saber não é o do historiador da História moderna, que constrói sistemas explicativos, baseados em "fatos", porque, diz Heródoto, seu saber está todo por construir, pois, para ver, é preciso arriscar-se e aprender a ver, recolhendo diferentes versões dos acontecimentos, relatando-as, classificando-as a partir daquilo de que se tem notícia por várias fontes e por seu grau de proximidade ou semelhança com os acontecimentos. Todas as informações verossímeis, "semelhantes ao verdadeiro", podem ser aceitas como tal. Não havendo um único princípio explicador reconhecível, o historiador completa o que falta à compreensão dos acontecimentos. De modo análogo, Nietzsche (1844-1900), no século XIX, diria: "a História não é senão a maneira pela qual o espírito do homem apreende fatos que para ele são obscuros, associa coisas cuja conexão só Deus sabe qual é, substitui o ininteligível por algo inteligível, põe suas ideias de causação no mundo externo, ideias que talvez só se expliquem a partir do mundo interior, e admite a existência do acaso em que milhares de pequenas causas podem estar realmente em ação" (F. Nietzsche, "Des us et coutumes", in: *Considérations inactuelles*, parte IV. Trad. Henri-Alexis Baatsch et al. Paris: Gallimard, 2001).

Da mesma forma que o *hístor* homérico era chamado para intervir entre duas partes em uma cena à qual não esteve presente, o historiador não poderia dar atenção a tudo o que os homens fizeram, mas somente ao que é grande, que suscita admiração e espanto. O historiador vê os dois lados e seleciona o que pode transformar-se em modelo e experiência histórica. Por isso, a História é História exemplar, que ensina aos homens o que é edificante, a justa medida das ações para fazer face ao sofrimento humano. O historiador, como o filósofo, é também um médico da civilização, pois, como este, orienta-se pelo adágio de Hipócrates (460 a.C.-377 a.C.) que, entre os séculos V e IV a.C. escreveu: "a vida é breve, a arte é longa, a experiência difícil, o juízo incerto e a ocasião rara". Percepção aguda da fragilidade de tudo o que é temporal, sujeito à instabilidade e aos poderes da Fortuna – variável e incerta –, as cidades que foram grandes são hoje pequenas, e as que são pequenas outrora foram grandes. Por isso, diz-se que Heródoto foi o historiador do *éthos*, das ações humanas, da história como *magister vitae* (mestra da vida), campo privilegiado de ensinamentos e experiências, reflexão sobre o que está em mãos dos homens e o que não se encontra em seu poder, sobre o que deve ser imitado e o que deve ser recusado.

É outra a perspectiva de Tucídides (*c.* 460 a.C.- -*c.* 400 a.C.), que nessa mesma época conta a Guerra do Peloponeso e o modo como guerrearam peloponesos e atenienses. Tendo começado a escrever no calor da hora, contou a história dos dois lados, mas de maneira diversa de Heródoto. Considerou o fato de espartanos e atenienses se encontrarem no apogeu de suas riquezas e de seu orgulho imperialista, quando Atenas era senhora da Liga de Delos. Tucídides cresceu em Atenas, onde foi estratego, e durante a guerra não conseguiu deter os espartanos em Anfípolis, pelo que foi exilado. Morreu depois da derrota de sua cidade, deixando inacabada sua *História*. Durante o primeiro ano da guerra, Atenas perdeu 30 mil de seus 40 mil habitantes, atingidos pela peste. Como um médico, reconhece as mudanças nos costumes dos cidadãos e o peso da doença em suas transformações. O culto aos mortos, rito maior que unificava a *pólis*, foi abandonado e, com ele, a religiosidade; os templos ficaram repletos de cadáveres, o sentido da vida pública desapareceu. Os habitantes não mais respeitavam as leis divinas e, caindo em prostração, a democracia começou a se decompor: "por um lado, o medo [dos cidadãos] os impedia de visitarem-se mutuamente, os doentes morriam sem cuidados, de forma que muitas casas ficaram vazias por falta de pessoas que fizessem as vezes de enfermeiros; os corpos dos agonizantes jaziam uns sobre os outros; os homens, não sabendo o que iria acontecer com eles, deixaram de zelar pelas coisas, fossem elas sagradas ou profanas. Não mais se respeitavam as leis humanas, pois não esperavam viver o suficiente para enfrentar as punições. Viviam então os homens como solitários, só buscando os prazeres imediatos e o lucro". Paralisados diante da calamidade e indiferentes ao sofrimento que não fosse o seu, prendiam-se exclusivamente ao presente. O mundo político, que necessita da dimensão do futuro, desfez-se. Da isonomia democrática passou-se à anomia social. A peste que dizimou a população de Atenas vitimou Péricles, seu governante mais ilustre.

Tucídides procura as causas naturais, históricas e culturais da guerra, como consequência das leis gerais que governam o mundo, afastando-se da ideia de intervenção divina, da vaidade e do poder, recusando também o acaso, isto é, os acontecimentos inesperados e sem causa. Tucídides quer contar a História e, simultaneamente, comover e ensinar. Compõe a história da guerra como uma tragédia, com suas peripécias e seu desenlace fatal. Com a análise do ardor das paixões humanas e da desolação, dá a conhecer os homens, os partidos políticos e os povos. Se Heródoto foi o historiador do *éthos*, Tucídides foi o do *páthos*. Tucídides quer mais a experiência direta para o conhecimento do que o ouvir dizer e o "testemunho ocular". Quer documentar os fatos e encontrar as fontes, estabelecendo as provas cabais das transformações sociais e políticas. Assediados pela morte e pela descrença, violentos e descuidados uns com os outros, Tucídides narra o apogeu e a decadência da cidade, o fim da democracia e da comunidade política.

2. A História mestra da vida

1. Experiência e imitação da vida

Nos séculos do fim da independência política da Grécia, sob o poder de Alexandre da Macedônia (356 a.C.-323 a.C.), e depois de Roma, a maneira grega de investigação histórica se expande por obra dos conquistadores, pois a cultura grega conquista o conquistador pela força de seus valores políticos, éticos e estéticos. Nesse sentido, Cícero escreveu: "a História é testemunha dos séculos, luz da verdade, vida da memória, mestra da vida, mensagem do passado". As leis da História são concebidas no âmbito de uma escrita que não ousaria dizer o falso, mas sim o verdadeiro ou o que é análogo ao verdadeiro, "sem complacência nem rancor". Há aqui antecipação do que escreveria Espinosa (1632-1677), no século XVII, ao compor sua *Ética*: "Os que escreveram sobre os afetos e o modo de vida dos homens parecem, em sua maioria, ter tratado não de coisas naturais, que seguem as leis comuns da Natureza, mas de coisas que estão fora dela. Ou melhor, parecem conceber o homem na Natureza como um império dentro de um império. Pois acreditam que, em vez de seguir a ordem da Natureza, o homem a perturba, que ele tem uma potência absoluta sobre suas próprias ações, e que não é determinado por nada além de si próprio. [...] Por isso costumam ridicularizá-los, deplorá-los, censurá-los e [...] detestá-los. Concebem os homens não como são mas como gostariam que fossem. [...] Tive a cautela de não ridicularizar as ações humanas, não lamentá-las nem detestá-las, mas entendê-las" (Baruch de Espinosa, *Ética*, livro IV, e *Tratado político*, parágrafo IV, 3ª ed. Vários tradutores. São Paulo: Abril, 1983. Coleção Os Pensadores, vol. 17).

O historiador antigo não quer demonstrar nem provar, mas contar. Plutarco (46 d.C.-126 d.C.), no século I a.C., escreve as *Vidas paralelas dos homens ilustres* da História grega e da grandeza de Roma, o Alexandre macedônio e o César romano, Temístocles e Camilo. Traz à recordação a grandeza moral de Roma, seus modelos gregos desempenhando o papel a ser imitado como ancestralidade valorosa. Instrumento de conhecimento e aprimoramento de si, os grandes homens são os que deixaram "belos exemplos de excelência (*areté, virtus*) política e militar". Em vez de celebrar grandes acontecimentos, a historiografia antiga elege os pequenos fatos nos quais se encontram grandes homens e "sinais da alma": "a história dos grandes homens é como um espelho que eu olho para obrigar-me, em certa medida, a regrar minha vida e a conformá-la à imagem de suas virtudes". Voltando-se para as grandes personagens do passado grego e romano, para acontecimentos grandes ou "pequenos" de suas vidas, o historiador como que os recebe em casa, propondo serem imitados por seus contemporâneos, pois está mais preocupado com o presente do que com o passado, o passado tem força exemplar. Assim, com Cícero, há a recusa de uma história lendária, em que um passado mítico volta-se para fábulas. A História será uma "História verdadeira", cuja exigência é a veracidade e a verossimilhança com respeito ao que é narrado. Há aqui o afastamento do maravilhoso e da ideia de milagre, próprios à História cristã dos acontecimentos históricos. Nessa tradição, Walter Benjamin (1892-

-1940), em 1939, afirmaria: "o cronista que narra os acontecimentos, sem distinguir entre grandes e pequenos, leva em conta a verdade de que nada do que um dia aconteceu pode ser considerado perdido para a História. Sem dúvida, somente a humanidade redimida poderá apropriar-se totalmente de seu passado" (W. Benjamin, "Sobre o conceito de História", in: *Obras escolhidas I*. Trad. Sérgio Paulo Rouanet. São Paulo: Brasiliense, 1995). Humanidade redimida significa humanidade que aprendeu com o passado e se apaziguou, fazendo dele sua própria obra.

A História é "mestra da vida", pois a metafísica que nela está presente é a percepção da fragilidade de nossa condição de seres históricos e mortais. Modelos dignos de serem imitados visam o bem comum, valorizando a experiência e a prática, em vez da erudição livresca. A História não será mais a do cronista e do arquivista apenas. Nesse sentido, Pausânias (115 d.C.--180 d.C.), no século II, anotou: "sei que deus sempre quer criar algo de novo. Tudo por igual, sólido ou frágil, o quanto nasce e o quanto perece, a Fortuna transforma e dispõe para si, governando de modo necessário e implacável. Micenas, que, com efeito, comandou os gregos na guerra contra Troia, Nínive, onde estava a realeza dos assírios, e Tebas da Beócia, que teve a honra de, em certa época, presidir a confederação grega, estão, uma, deserta, outra, totalmente destruída, enquanto o nome de Tebas está reduzido só à acrópole e não a muitos habitantes. [...] A essas cidades, com efeito, fez deus que se transformassem em nada. Mas Alexandria do Egito e Seleuceia, às margens do Orontes, fundadas ontem e anteontem, chegaram a tal grandeza e prosperidade porque a Fortuna as favoreceu [...]. Assim, pois, as coisas humanas são temporárias e nada é sólido" (trecho traduzido por Olgária Matos a partir de: Pausânias, *Description de la Grèce ou Tour de Grèce*. Trad. franc. J. Pouilloux. Paris: Belles Lettres, 1992). A nova História substitui a narrativa cristã medieval pela "divina Fortuna", aquela força que age por detrás dos acontecimentos, e incontrolável, tudo dirige e comanda.

2. História e perda da experiência

A História como "mestra da vida" reconhece a dívida com as gerações passadas e sua História exemplar, às quais se devem os modelos para a posteridade, tudo o que está reservado "aos descendentes atuais e futuros desses homens iguais a deuses". Tácito (55 d.C.-120 d.C.), no século I, anotara que a História é de grande valia para todos aqueles que "gostam de considerar ações grandes e belas". Mas o presente político de Roma não permite mais essa perspectiva tranquilizadora, uma vez que grandes personagens e grandes acontecimentos são inimitáveis quando se perderam todos os valores antigos. Roma em crise perverte a *virtus* (virtude) "pelo luxo, pela cobiça e devassidão". Rompendo com a tradição de excelência do caráter, o modelo da História *magistra* (mestra) entra em crise porque não se sabe mais distinguir entre honra e covardia, vício e virtude. Para enfrentar um período que escreve a História apenas para adular ou suscitar ódio, que não mais respeita a "verdade dos fatos", Tácito cunha a expressão retomada no século XX por Max Weber (1864-1920) e que define a objetividade moderna da História: o historiador deve escrever "sem ódio e sem amor", "sem cólera e sem parcialidade (*sine ira et studio*)".

Da Idade Média ao século XVII remodelou-se a interpretação da *Poética* de Aristóteles e sua concepção de História como ciência do particular, que, por utilizar a imaginação, aproximava-se da poesia. Na Idade Média europeia, o tempo é teológico e a História, teológico-política. O tempo histórico é emanação da figura de Deus, o que significa uma ideia de História providencialista, uma vez que Deus é entendido como a causa primeira de tudo que existe. Natureza e História são efeitos criados dessa *Causa* e signos reflexos dessa *Coisa*, na qual não se poderia reconhecer qualquer desejo de mudança ou noção de progresso, evolução, crítica ou revolução, que tanto marcariam a História moderna e contemporânea. Postulada a Causa Primeira, Deus faz ler a Natureza e a História como um livro no qual a Providência divina inscreve secretamente sua vontade. As representações historiográficas, por conceberem temporalidade e História como Providência divina, relacionam a experiência do passado e a expectativa do futuro na forma de sua previsibilidade. Previsibilidade não possui aqui o sentido do controle do tempo histórico; antes, é a identidade de Deus que sempre se repete nas diferenças temporais, tornando análogos e semelhantes todos os seus momentos, arquivados na memória de intérpretes que os comentam, iluminados pela luz da Graça. No Antigo Testamento e nos Evangelhos manifesta-se a presença divina, latente no primeiro e patente no segundo: "do ponto de vista da profecia", escreve João Adolfo Hansen, "o futuro é e será uma imagem da repetição da identidade já ocorrida em vários momentos anteriores. Logo, a atualidade do necessário e a potência do contingente de todos os tempos impregnam a presença histórica do presente do intérprete como presença substancial eterna" (J. A. Hansen, "Ler e ver: pressupostos da representação colonial", in: *Revista Desígnio*, n. 9/10, set. 2009, p. 106). Razão pela qual o padre Antonio Vieira (1608-1697), nos anos 1600, escreveu uma *História do futuro*. Nesse sentido, Santo Agostinho anotou: "em qual narrador do passado poderíamos crer de antemão senão naquele que predissesse os acontecimentos futuros que hoje vemos realizados?" (Santo Agostinho, *Cidade de Deus*, 18, 41. Trad. Oscar Paes Leme. Petrópolis: Vozes, 2009). Sem gosto pelas mudanças, a Idade Média preferia o estável que se aproximasse o mais possível do imutável. A História é, nesse sentido, o que se repete no tempo.

A partir da Revolução Francesa, em 1789, com a abolição das hierarquias tradicionais ligadas à Igreja, a História passou a ser a ciência do que não se repete mais, e o homem, aquele que "faz sua própria história", por sua vontade e consciência. O fim da transcendência mítica ou teológica abre espaço para o advento das ideologias que buscam um critério interno à própria sociedade para a explicação de seus conflitos não mais referidos ao além. Como escreveu Marx (1818-1883) no século XIX: "superada a crença no que está além da verdade, a missão da História consiste em averiguar a verdade daquilo que nos circunda. E, como primeiro objeto, uma vez que se desmascarou a forma de santidade da autoalienação humana, a missão da Filosofia que está a serviço da História consiste no desmascaramento da autoalienação em suas formas santificadas. Com isso, a crítica do Céu se converte em crítica da Terra, a crítica da Religião em crítica do direito, a crítica da teologia em crítica da Política" (K. Marx, *Crítica da filosofia do direito de Hegel*. Introdução. Trad. Rubens Enderle e Leonardo de Deus. São Paulo: Boitempo, 2006).

3. Da História à Filosofia da História

1. O conhecimento histórico: a crença no progresso

A História como "mestra da vida" tinha o sentido de preparar o homem para a cidade – como na Grécia clássica – e o homem da Idade Média para a santidade. Da contemplação grega como forma superior de conhecimento de si e do mundo, passando pela meditação medieval que elevava o homem ao Divino, o homem se converte a "este mundo", abandonando a *scientia contemplativa* (ciência contemplativa) pela *scientia activa* (ciência ativa). A modernidade científica das revoluções cosmológicas rompeu com o cosmos antigo, definido pela ideia do finito porque inteiramente terminado e perfeito. Associando a ideia de finito à de imperfeição, o advento do espaço infinito da astronomia moderna abandona a transcendência metafísica – baseada na ideia de verdade absoluta – e religiosa – fundada na ideia de um Deus eterno.

Com o abalo produzido pela Reforma Protestante do século XVI, além de a Terra ter perdido sua centralidade teológica e científica, o Deus do protestantismo se retira do mundo, e a salvação virá, se vier, pela obra e pela profissão, que não é mais "profissão de fé", mas tarefa e trabalho, uma vez que, com o protestantismo, aumenta a distância que separa o finito (o homem) do Infinito (Deus). Esse Deus a alguns se esconde e a outros se revela. O arbítrio de sua Vontade não permite ao homem conhecer seus desígnios, porque a Graça é um favor de Deus. O homem passa do interesse no outro mundo ao interesse neste mundo. Com a Revolução Francesa, abolida a transcendência teológica e o absolutismo monárquico, a História passa a ser entendida como progresso da humanidade, e o homem como ser agente e consciente de seus próprios fins. Surgem então as filosofias da História que refletem sobre o sentido dos acontecimentos temporais e a história de suas transformações.

No século XVIII, Giambattista Vico (1668-1744), em sua *Ciência nova*, desenvolve uma filosofia da História segundo a qual as civilizações, como os homens, são mortais, pois nascem, alcançam o apogeu e depois desaparecem por ciclos, associados à ideia de progresso. No século seguinte, a ideia de progresso se alia à questão da objetividade histórica. Não se trata mais, como na historiografia antiga, da imparcialidade que confere igual heroísmo aos heróis em combate da Guerra de Troia e que recusa a lógica do vencedor e do vencido. Objetividade, agora, significa que os homens fazem sua própria história, que pode ser conhecida segundo leis que organizam a inteligibilidade da ação humana. Retorna a questão da Filosofia grega acerca do que está em nosso poder e do que nos escapa, mas em um registro diverso do antigo. Com efeito, Aristóteles estabelece, em sua *Física*, a diferença entre o necessário, o contingente e o impossível. É necessário tudo o que acontece sempre da mesma maneira e não poderia, por sua própria natureza interna, jamais ocorrer de outra. Assim, é necessário que o fogo queime, que a água molhe, que a pedra caia. Seu oposto é o impossível, o que não acontece nunca e não poderia jamais ocorrer por suas razões próprias, a não ser pela intervenção de forças externas, como a técnica: é impossível que a água queime, que o fogo molhe, que a pedra flutue. Entre o necessário que acontece sempre e o impossível que não acontece nunca, há o contingente, aquilo que pode ou não acontecer. Um terremoto ou uma tempestade nos surpreendem durante uma viagem, porque ambos, quando ocorrem, não dependem de nós. A contingência nas relações humanas denomina-se acaso, dependente que é da ação e da vontade livre, de escolhas que se realizam sem constrangimento externo e das quais somos o princípio e a causa. Porque a vida no mundo sublunar, onde se encontra a Terra, está sujeita ao devir, isto é, ao movimento na Natureza e às transformações na vida ética, política e histórica, será necessária a prudência para nos inserir nos assuntos humanos, sempre instáveis e incertos. Os gregos valorizavam a moderação, e, por isso, consideravam as paixões (que tendem, por sua natureza, ao excesso e à desmedida) como devendo ser guiadas pela razão que as contém no limite da Natureza para que elas não destruam os homens.

A modernidade cultural – que se inicia com o Renascimento – tomará rumos diversos. A partir do Iluminismo europeu do século XVIII, faz-se um elogio da razão, entendida como capaz de combater a superstição no conhecimento da Natureza – dado que é possível conhecer as leis que a regem –, como apta a desfazer os preconceitos e o obscurantismo na vida ética e como preparada para emancipar os homens na política, criticando o absolutismo monárquico. Essa confiança na razão se expressa, em particular, no positivismo que até hoje marca a ciência.

No século XIX, Auguste Comte (1798-1857) enuncia a "lei dos três estados". A história coletiva, assim como a história do indivíduo, passa por três estados segundo o desenvolvimento linear do progresso, do inferior ao superior, do arcaico ao moderno, do atraso ao progresso. O primeiro estado – o teológico – explica todos os acontecimentos naturais e humanos pela interferência de forças sobrenaturais, uma vez que se desconhece a "verdadeira natureza das coisas". Assim, há o animismo e seus fetiches, que atribuem alma a seres inanimados, o politeísmo e o monoteísmo. Esse estado primitivo do conhecimento corresponde à mitologia antiga, e a Grécia, à "infância do espírito" – posição defendida por Comte e também por Marx. Em seguida, a Idade Média, na tentativa de explicar os fenômenos naturais, se esforçou por referir a Natureza a ela mesma. Como a racionalidade ainda não estava bem desenvolvida, a ciência medieval entendia a Natureza por jogos de palavra. À pergunta: "por que as águas sobem nas turbinas" seguia-se a resposta: "porque a Natureza tem horror ao vácuo". Esse é o estado metafísico que corresponde à "adolescência do espírito" e da humanidade. Finalmente, o espírito atinge sua forma definitiva, o espírito científico positivo, em que os fenômenos da Natureza, da sociedade e da História são explicados por leis, pela relação constante entre fenômenos. Estado positivo ou definitivo é a "maturidade da razão" e a realização do progresso: "ao estudar assim o desenvolvimento total da inteligência humana nas suas diversas esferas de atividade, desde seu primeiro impulso mais simples até os nossos dias, creio ter descoberto uma grande lei fundamental, à qual ele está sujeito por uma necessidade invariável e que me parece poder ser solidamente estabelecida, seja por provas racionais fornecidas pelo conhecimento de nossa organização, seja pelas verificações históricas resultantes de um exame atento do passado. Essa lei consiste em que cada uma de nossas principais concepções, cada ramo de nossos conhecimentos, passa sucessivamente por três estados teóricos diferentes:

o estado teológico ou fictício, o estado metafísico ou abstrato, o estado científico ou positivo. Em outras palavras, o espírito humano, por sua natureza, emprega sucessivamente em cada uma de suas buscas três métodos de filosofar, cujo caráter é essencialmente diverso e mesmo radicalmente oposto: primeiro, o método teológico; em seguida, o método metafísico; e, finalmente, o método positivo. [...] No estado positivo, o espírito humano, reconhecendo a impossibilidade de obter noções absolutas, renuncia a buscar a origem e o destino do Universo, assim como conhecer as causas íntimas dos fenômenos, para se dedicar unicamente a descobrir, pelo uso bem combinado da razão e da observação, suas leis efetivas, isto é, suas relações invariáveis de sucessão e similitude. A explicação dos fatos, reduzida então a termos reais, não é, desde então, mais do que a ligação estabelecida entre os diversos fenômenos particulares e alguns fatos gerais, cujo número os progressos da ciência tendem a diminuir" (A. Comte, *Curso de filosofia positiva*, Primeira Lição. Trad. José Arthur Giannotti. São Paulo: Nova Cultural, 1988. Coleção Os Pensadores). Como na Física, há uma estática e uma dinâmica na sociedade, ordem e mudanças controladas, cognoscíveis segundo as leis da estática social – o estudo das instituições que existem de forma constante ao longo da História, como a família, a religião e o Estado. Quanto às mudanças que o tempo traz, elas correspondem à dinâmica de suas transformações ordenadas segundo a lei do progresso. Filosofia da ciência e da história, o positivismo científico se expandiu para as ciências humanas, universalizando a ideia de progresso e de controle dos acontecimentos sociais e históricos.

2. Dialética e progresso

A institucionalização da História como ciência requer fundamentar seus objetos de pesquisa e seus métodos, a fim de estabelecer as condições de possibilidade do conhecimento objetivo, determinando o que é um fato histórico e os métodos de sua interpretação. A construção do objeto de investigação e dos métodos que lhe serão adequados têm o sentido de reduzir a influência da subjetividade do historiador na análise dos acontecimentos. Em sua *Filosofia do não*, o filósofo da ciência Gaston Bachelard (1884-1962) propõe uma "psicanálise do conhecimento objetivo", para que o pesquisador, tanto quanto possível, se desfaça de suas preferências doutrinárias, de seus preconceitos e opiniões para alcançar seu objeto, evitando ideologizá-lo e fazer da ciência uma doutrina. É preciso também evitar o anacronismo para não projetar nos períodos históricos do passado os valores e as visões do mundo presente.

Quanto ao historicismo de William Dilthey (1833-1911), ele é uma oposição ao dogmatismo das interpretações cristãs da História do mundo, para responder à questão: "em que condições uma ciência objetiva do mundo humano é possível?". Diferenciando o campo das ciências da Natureza e o das ciências do espírito, Dilthey esclarece que, nas primeiras, trata-se de explicar os fenômenos, enquanto, nas segundas, opera a compreensão, não segundo abstrações, mas precavendo-se do sacrifício do indivíduo à totalidade histórica. Razão pela qual as biografias são, para o historicismo, a forma suprema de História. A consciência que conhece é puro devir e não coisa, pois jamais se poderia viver duas vezes um mesmo estado e uma mesma situação.

O presente vivido não se esgota em um único sentimento, sensação ou ato de vontade. Ele é sempre a unidade de uma diversidade, não havendo nenhum instante vivido que não tenha uma coloração afetiva. O indivíduo é um ser histórico, antes de ser historiador. Daí a distinção entre "compreender" (*Verstehen* – próprio à História) e "explicar" (*Erklären* – específico das ciências da Natureza). O historiador tem como objeto as ações humanas no tempo, individualizando as épocas históricas e procurando ingressar na "essencialidade" do passado pela empatia.

O pensamento de maior influência nos séculos XIX e XX foi a dialética, para a qual a contradição é o motor do progresso e da História. Para G. Friedrich Hegel (1770-1831), ela é o "trabalho do Espírito", que, pelo negativo, desenvolve momentos da história rumo à realização do espírito que, no final, alcançará sua plenitude na liberdade, razão ou absoluto. Operando por teses, antíteses e sínteses progressivas, esse movimento triádico vai elevando o momento histórico singular à consciência de si, cada qual sendo a superação (*Aufhebung*) do anterior. É a "razão na História" que, por sua astúcia, se vale das paixões humanas que fazem com que o homem imagine que está agindo segundo seus próprios fins, quando, na verdade, é a razão que se desenvolve no tempo. Para isso, Hegel estabelece uma diferença entre "sociedades históricas" e sociedades "sem História". Nas *Lições de história da filosofia* Hegel escreve: "Convém à consideração filosófica, e é digno dela, só começar o estudo da História lá onde a racionalidade começa a penetrar no mundo; jamais onde ela é apenas uma possibilidade em si, mas lá onde ela aparece na consciência, na vontade e na ação. A realidade inorgânica do Espírito – o estado em que está inconsciente da liberdade, isto é, do bem e do mal e, portanto, das leis – é um estado de torpor que se pode julgar selvagem ou não selvagem, que se pode mesmo declarar excelente: na realidade não é sequer objeto de história" (cf. Hegel, *A razão na história*. 2ª ed. Trad. Robert S. Hartman e Beatriz Sidou. São Paulo: Centauro, 2004). São sem História os povos ditos primitivos e, para Hegel, também a África. Colocadas sob o signo da não história, tais sociedades estariam presas à imediatez da natureza e em estado de "inconsciência de si": "ela não está na História propriamente dita. Aqui deixamos a África, para não mais mencioná-la.

Pois não pertence ao mundo histórico, não mostra movimento ou desenvolvimento; [...] o que compreendemos sob o nome de África é um mundo a-histórico, não desenvolvido, inteiramente prisioneiro do espírito natural, e cujo lugar se encontra ainda no limiar da História universal" (Hegel, op. cit., p. 269). Os acontecimentos em sociedades "pré-lógicas" ou "não lógicas", bem como a ausência de "consciência de si reflexiva" fazem deles apenas acidentes sem finalidade histórica e não acontecimentos singulares destinados a alcançar o universal e a razão. A igual título dos povos primitivos e sem História, os povos africanos são "máquinas funcionando no vazio" e só oferecem à razão o espetáculo de uma anacrônica sobrevivência.

Para Hegel, só há História quando se manifesta a contradição e o "trabalho do negativo". Pensador que procede à racionalização filosófica da violência na História, Hegel anota que a "História universal não é o lugar da felicidade. Seus momentos de tranquilidade são suas páginas em branco às quais falta a contradição". Não podendo excluir a efetividade da violência na História, Hegel a incorpora em seu sistema no qual todos os acontecimentos estão sujeitos ao "tribunal da

História", ao julgamento que lhes confere razão e sentido segundo um princípio de finalidade que rege o desenvolvimento da história da consciência: o que é em si torna-se para si. Em seus sucessivos movimentos de superação, a consciência alcança o em-si e para-si, realizando-se como Espírito. O Espírito subjetivo (consciência em si, para si, em si e para si) é superado no Espírito objetivo (família, sociedade civil e Estado) até o Espírito absoluto (arte, religião e Filosofia).

A negação, pela qual o Espírito se eleva a uma nova configuração que ultrapassa a formação anterior, é o tempo da História. Ele é lento e longo, porque se trata do amadurecimento silencioso e subterrâneo do que aparece como perda, esquecimento e desconhecimento, cujo reverso é a "progressão interna" que se cumpre pelo trabalho do negativo. Este deixa ruínas que são o lado extrínseco do negativo, o espetáculo das mudanças e da degradação temporal que provoca nossa tristeza. Pois é triste "caminhar entre ruínas", saber que o mais nobre foi roubado a nós pela História, e que a Grécia antiga desapareceu: "é deprimente saber que tanto esplendor, essa vitalidade tão bela, teve que morrer, e caminhamos entre ruínas. O mais nobre e mais belo foram roubados a nós pelas paixões humanas. Tudo parece condenado ao desaparecimento. Nada permanece. Todos os viajantes experimentaram essa melancolia. Quem viu as ruínas de Cartago, de Palmira, de Persépolis, de Roma, sem refletir sobre a caducidade dos impérios e dos homens, sem cobrir-se de luto por essa vida passada, poderosa e rica? Não se trata, como diante do túmulo dos seres que nos foram caros, de um luto que se associa às perdas pessoais e à caducidade dos fins particulares; trata-se de um luto desinteressado diante de uma vida humana brilhante e civilizada" (*A razão na história*, op. cit.).

A História é a história do calvário do Espírito. Para Hegel, a cada superação dialética, algo novo advém ao mesmo tempo que algo desaparece e se esquece, se aliena, pois toda alienação é um esquecimento. No final do trabalho do Espírito, o Espírito abole sua dimensão temporal e se realiza sem mais nada esquecer porque se torna Filosofia. Filosofia é a memória do Espírito. Este é a memória do percurso que, em uma fantástica abreviação, alcança o "dia espiritual do presente", no qual se identificam liberdade, razão, absoluto. Aqui é possível lembrar a dor sem dor porque a

Filosofia é a reconciliação do que na História se dispersou e se perdeu.

Considerando a dialética em sua vocação profundamente revolucionária, Marx colocará a dialética hegeliana "sobre seus pés". Isso significa que não são o Espírito e as ideias que se desdobram na História. Invertendo a dialética de Hegel: onde há espírito, Marx coloca a matéria, e, onde Hegel fala em matéria, há Espírito. Não são as ideias que conduzem o mundo, mas sim o desenvolvimento das forças produtivas, das técnicas e das condições de produção, materiais e culturais. Cada estágio do desenvolvimento histórico é também o das forças produtivas, como o moinho foi adequado à Idade Média, a máquina a vapor ao século XIX, as revoluções tecnológicas e digitais aos séculos XX e XXI. Para Marx, a História e as sociedades se desenvolvem no quadro de um antagonismo: homens livres e escravos, na Antiguidade; senhores e servos, na Idade Média; burguesia e proletariado, nos tempos modernos. A luta de classes corresponde, para Marx, ao elemento racionalizador do campo histórico no sentido de superação das contradições do que resultará, ao fim e ao cabo, a sociedade sem classes. A oposição entre burguesia e proletariado é, para Marx, a última contradição da História.

Em sua obra *O capital*, Marx analisa o sistema produtor de mercadorias que transforma o trabalhador em mercadoria quanto mais mercadorias produz. Em *A ideologia alemã,* Marx afirma só existir uma única ciência, a da História. E a História pode ser contada tanto do ponto de vista da História da Natureza quanto da História do homem, porque este vive da Natureza que ele mesmo transforma para não morrer. Assim, a vida física e intelectual do homem se dispõe em metabolismo com a Natureza pela mediação do trabalho, constituindo o homem e sua história, "naturalizando o homem e humanizando a Natureza".

O eixo da História é a luta de classes e a exploração do trabalho alheio cuja expressão máxima é, para Marx, a realidade de seu tempo, a da Revolução Industrial na Inglaterra e as terríveis condições de vida dos trabalhadores, na ausência de direitos econômicos, políticos, sociais e culturais. De onde o século XIX europeu ter sido o palco de insurreições operárias, de barricadas e massacres, como a Revolução de 1848, na França, e a Comuna de Paris, de 1871. O século XIX foi o século do socialismo. Em *O Manifesto Comunista* e em *O capital*, Marx analisa "cientificamente" o capitalismo – pois estuda a acumulação, reposição e acréscimo do capital – através do conceito de "mais-valia", o excedente de trabalho não pago pelo capitalista ao trabalhador e que se intensifica com a maquinização e as inovações técnicas que facultam produzir mais em menos tempo, mas mantendo-se um salário constante. Para Marx, o capitalismo desaparecerá por suas próprias contradições internas. Sistema baseado na concorrência, ele constrange os capitalistas a aperfeiçoar sem trégua seus equipamentos e a imobilizar assim seu "capital constante", diminuindo o dinheiro corrente que compõe o "capital variável". Com isso, a taxa de lucro baixa incessantemente porque a mais-valia é devorada pelos investimentos. O pequeno patrão sucumbe à concorrência e torna-se operário. Formam-se os monopólios e cartéis. Ao termo de tal concentração, não haverá senão um pequeno número de capitalistas explorando uma massa de proletários. Através de sua evolução dialética, o capitalismo produz seus próprios "coveiros", como diz Marx, e a revolução socialista eclodirá "com a fatalidade que preside as metamorfoses da Natureza".

4. Conclusão
Dever de memória e esquecimento

Friedrich Nietzsche, no mesmo período histórico a que pertencem Hegel e Marx, concebe o negativo e a ideia da contradição na "lógica do ressentimento", segundo a qual aquele que é vítima de alguém que o prejudica e fere sua liberdade estima que esses indivíduos são maus e ele seria "bom". Consideram-se nefastas e perversas todas as forças que nos são hostis, porque o ressentido se concebe justo e inocente do mal que lhe foi feito. O ressentimento é um sentimento de hostilidade que, compartilhado, encontra-se, para Nietzsche, na democracia e nos movimentos socialistas, pois é eminente fator de cumplicidade e solidariedade no interior de um grupo. O ressentimento impede contar a História que respeite a imparcialidade. Por sua vez, Sigmund Freud (1856-1939), em *Mal-estar na civilização* e em *Reflexões sobre a guerra e a morte*, interpreta a História e a violência segundo mecanismos de destrutividade: "o homem é tentado a satisfazer sua necessidade de agressão às expensas de seu próximo, a explorar seu trabalho sem indenização, a utilizar sexualmente sem seu consentimento, a apropriar-se de seus bens, a humilhá-lo, a infligir-lhe sofrimentos, a martirizá-lo e matá-lo. *Homo homini lupus* [o homem é o lobo do homem]: quem teria coragem, diante de todos os ensinamentos da vida e da história, de contradizer esse adágio?" (*Mal-estar na civilização*. Trad. bras. Paulo César Souza. São Paulo, Companhia das Letras, 2010, p. 77).

O século XX conheceu formas sem precedentes e exemplos no passado: a guerra de trincheiras e o fim dos campos de batalha na Primeira Guerra Mundial – com o bombardeio de populações civis desarmadas –, os campos de extermínio nazistas, o assassinato industrial de judeus, ciganos, homossexuais, doentes mentais e deficientes físicos nos crematórios nazistas na Segunda Guerra Mundial, os campos de concentração (os *Gulags*) na ex-União Soviética, a bomba atômica em Hiroshima e Nagasaki, bem como outras catástrofes históricas como o Cambodja de Pol Pot, a Guerra dos Bálcãs e Ruanda, Abu Grahib e Guantanamo, Sabra e

Chatila, entre outras. Frente a isso, desenvolveu-se uma "literatura de testemunho" dos sobreviventes dos campos de concentração. Primo Levi (1919-1987), o primeiro a retratar o horror, no fim da Guerra, escreveu: "A necessidade de falar aos 'outros', de fazer participarem os 'outros' adquiriu, entre nós [ex-prisioneiros], antes como depois de nossa liberação, a violência de uma impulsão imediata, tão imperiosa quanto as outras necessidades elementares. É para responder a uma tal necessidade que escrevi meu livro, é antes de mais nada uma liberação interior" (P. Levi, *É isto um homem?* Trad. Luigi Del Re. Rio de Janeiro: Rocco, 2000).

Alguns autores, como Pierre Nora (1931-) e Jacques Derrida (1930-2004), refletem sobre o "dever de memória" e as políticas vitimárias que buscam ações reparadoras das injustiças históricas, como a escravidão e os genocídios, considerados imprescritíveis pelo Direito Internacional das Nações Unidas. Porque o crime é imprescritível, ele não pode ser esquecido, o que enfatiza a dimensão de uma dívida infinita com respeito às vítimas de injustiças. Para Derrida, essas políticas devem considerar o fundamento próprio da lembrança e do esquecimento: a questão da passagem do tempo diante dos crimes contra a humanidade e da violência desses atos. Nicole Loraux (1943-2003) analisa o sentido da primeira anistia que o Ocidente conheceu. No ano de 403 a.C., os atenienses prestaram juramento de "não mais lembrar os males do passado". Depois da derrota final na Guerra do Peloponeso, do golpe de Estado dos Trinta "tiranos" e seus malfeitos, houve o retorno vitorioso dos democratas resistentes no exílio. Reencontrando seus concidadãos, adversários de ontem fizeram o juramento conjunto de esquecer o passado e, a partir desse consenso, decretaram uma anistia. A ela se associava a tradição homérica do esquecimento dos males pela narração e pelas beberagens – beladona ou vinho. Sobre isso Nicole Loraux observa: "imediata e provisória em seus efeitos, a droga pode muito bem substituir a dor pelo feitiço – ele mesmo eminentemente ambíguo – da narração e das alegrias festivas, ela não separa da sociedade, por um tempo, aquele que a bebe. [...] Entre a interdição política, duradoura, de prosseguir uma vingança que prejudique a sociedade e o 'feitiço' que dissipa, de repente, mas provisoriamente, o luto, a distância é patente. Prestando juramento de não mais lembrar as infelicidades do passado, o cidadão de Atenas afirma renunciar à vingança para se colocar sob a dupla autoridade da cidade que decreta e dos deuses que sancionam". Plutarco nos dá notícias de que na Acrópole de Atenas havia, no templo de Erection, o mais simbólico de todos os santuários da cidade, um altar dedicado ao esquecimento (cf. N. Loraux, *La cité divisée: l'oubli dans la mémoire d'Athènes*. Paris: Payot, 1997, p. 41). Há aqui o enunciado do domínio que, como sujeito, a vítima exercerá sobre si mesma. Inversamente, o doce esquecimento vem de outro lugar, pelo dom das Musas ou do poeta, do efeito da droga oferecida por Helena quando de seu retorno à Grecia, remédio apresentado como o esquecimento do que não se esquece.

A prescrição de crimes tinha o sentido de promover a paz social. Nesse âmbito, Immanuel Kant (1724-
-1804) observou: "o ódio que resulta de um dano sofrido, isto é, o desejo de vingança, é uma paixão que procede irresistivelmente da natureza humana e, por mais que possa ser ruim, a máxima da razão que se apoia sobre o desejo legítimo de justiça, do qual o desejo de vingança é um *análogon*, vem mesclar-se a essa inclinação, fazendo assim do ódio uma das paixões

mais violentas e que mais profundamente se enraízam na alma humana, uma paixão que, quando parece extinta, deixa sempre subsistir, secretamente, um sentimento chamado rancor, como um fogo que permanece latente sob as cinzas" (I. Kant, *Antropologia de um ponto de vista pragmático*. Trad. Clélia A. Martins, Márcio Suzuki, Vinícius de Figueiredo e Rubens R. T. Filho. São Paulo: Iluminuras, 2006). Essa mistura de sentimento legítimo de justiça e de vingança traz consigo a fronteira entre ambas evocando o ressentimento que seria a base da recordação das injustiças, estado hipermnésico que impediria o esquecimento. Por outro lado, a perspectiva do esquecimento e do recalque histórico poderia concorrer não apenas para perpetuar as feridas, mas para torná-las ainda mais dolorosas. Paul Zawadiski, em seu ensaio "Tempo e ressentimento", indica que, a partir dos anos 1980, as sociedades ocidentais passaram a conferir cada vez mais importância às políticas de reparação. A época em que se procurava apaziguar os sofrimentos dirigindo-se a Deus, depois à História e à Política, foi substituída por um presente que se orienta preferencialmente pelo direito e pela justiça.

A corrente vitimária resulta, em certa medida, de uma crise de crescimento da democracia e se alimenta do individualismo contemporâneo. Na *pólis* democrática – aquela que fundava o sentido do pertencimento a um destino comum de todos os seus cidadãos – a anistia se legitimava pela experiência da passagem do tempo. Uma vez transcorrido e as perquisições não sendo mais possíveis, o decreto de esquecer vinha para evitar que a sociedade permanecesse imersa em rancores intermináveis. O tempo que passa dificulta a reconstituição dos fatos, pois não coloca mais frente a frente as mesmas pessoas, aquelas que viveram diretamente, no passado, sofrimentos e injustiças. Os crimes imprescritíveis, diversamente, não permitem recorrer à passagem do tempo porque nada os pode apagar.

Essa questão diz respeito aos traumas individuais e históricos. O trauma é a experiência de uma morte que quase aconteceu e à qual se sobreviveu. Fiodor Dostoiévski (1821-1881), em suas *Memórias*, reconstitui a circunstância em que, condenado à morte, teve sua pena suspensa no momento da execução, o que faz da vítima um sobrevivente, na circunstância paradoxal de indeterminação entre a vida e a morte, entre o sobrevivente de si mesmo e o fantasma de uma morte que quase aconteceu. Sentimento do perturbante, do inquietante, do terrífico, que traz de volta o *deinós* (terrível) da tragédia antiga. Ele se encontrou naqueles que, no fim da Primeira Guerra Mundial, voltavam afásicos dos campos de batalha, não enriquecidos, mas empobrecidos de experiências transmissíveis. Em "Experiência e pobreza", Walter Benjamin compreende o traumatismo, a iminência da morte violenta nos campos de batalha em um mundo sem Deus como esse acontecimento que paralisa a experiência e aprisiona o indivíduo que permanece em estado de despersonalização e de perda de realidade e identidade.

A investigação histórica vê-se, pois, diante da questão da possibilidade ou não da superação de um trauma e de saber se o "dever de memória" concorre para essa reparação ou se haveria regressões políticas e ressentimentos operando na sociedade. Isso requer refletir sobre a natureza da memória e do esquecimento, a fim de prevenir o que Pierre Nora denomina a "vitimização generalizada": "A vingança, como seu reverso, o perdão, estes caminhos oferecidos por estes tratamentos coletivos podem favorecer a elaboração dos conflitos psíquicos subjacentes? Não haveria aqui uma forma inconsciente de celebração do passado e dos discursos sintomáticos?" Nesse sentido, a história vitimária se funda no dualismo "história do vencedor" e "história do vencido", com o que se perdem as noções históricas originárias de imparcialidade e objetividade. Permanecer nesse registro dos acontecimentos seria, para Nora, adotar a história oficial celebrativa do dominante, na expectativa de que o vencido venha a vencer o vencedor e contar sua própria história. Do ponto de vista metodológico, prevalece aqui a ideia de que as memórias são identidades construídas e, como os dominantes produzem a sua, os dominados também devem fazê-lo. Ou se é vítima ou herói. Nos dois casos, cada qual escapa do "julgamento objetivo da História": como vítima, não deve explicações sobre os acontecimentos, e a sociedade sempre lhe será devedora; como herói, está acima da História, porque adquire um estatuto atemporal e mítico, o tempo reservado às idealizações.

No esforço de justiça às vítimas da barbárie, tanto o perdão quanto a vingança, a anistia quanto a punição, inscrevem-se no campo da retribuição, em uma lógica da equivalência que permitiria apurar a dívida e o sofrimento, dissipando-se o mal em troca de uma compensação. Em entrevista à revista *Magazine Littéraire* de 2005, Jorge Semprun (1923-), autor de *Le grand voyage* (trad. port. *A longa viagem*, Porto: Ambar, 2002) – suas memórias de prisioneiro no campo de concentração de Buchenwald –, retorna ao problema das comemorações e do significado do "nunca mais", a palavra de ordem pós-Auschwitz, o "não esquecerás": "Melhor do que falar nos crimes de Hitler, mais valia tratar da xenofobia atual, dos crimes racistas. A verdadeira comemoração, no sentido mais profundo e nobre do termo, é a que propõe Zoran Music, um dos únicos grandes pintores da deportação que, retrabalhando seus desenhos clandestinos feitos em Dachau, intitula sua exposição 'Nós não somos os últimos'." O esforço é, pois, como anotou Theodor Adorno (1903-1969), para "que Auschwitz não se repita". Para isso, seria preciso falar do passado, mas na perspectiva do futuro, para que as gerações descendentes das vítimas não se tornem vítimas das vítimas, a fim de que o presente não seja apenas uma recapitulação do passado, mas sua elaboração. Nietzsche, em seu tempo, opunha ao "poder de lembrar" o "poder de esquecer": "agora esse animal naturalmente desmemoriado, para quem o olvido representa um poder, uma forma de boa saúde, criou para si mesmo um poder oposto, o de lembrar, com cuja ajuda, em certos casos, é possível suspender o olvido – e especialmente nos casos em que se trata de promessas" (F. Nietzsche, *Genealogia da moral*. Trad. Paulo César de Souza. São Paulo: Companhia das Letras, 2007).

Entre o "dever de memória" e o "dever de esquecimento", trata-se das "feridas do espírito", que, caso se curem, deixam cicatrizes. Da História exemplar à História celebrativa, manifesta-se a dupla natureza da História: arte de lembrar e arte de esquecer.

OUVINDO OS TEXTOS

Texto 1. Homero (séc. VIII a.C.) – *A narrativa do aedo*

Tão logo o desejo de beber e de comer saciaram, /A Musa ao aedo impeliu a cantar a fama dos guerreiros, /Do entrecho cuja fama então ao amplo céu chegava, / A disputa de Ulisses e do Pélida Aquiles, /Quando se afrontaram no banquete festivo dos deuses /Com violentas palavras, e o senhor dos homens, Agamêmnon, / Alegrava-se no espírito porque os melhores dos Aqueus contendiam: /Assim pois em oráculo lhe falara Febo Apolo, /Na sacratíssima Pito, quando ultrapassara o pétreo portal, /Para consultá-lo. Então já girava o princípio da desventura /Para os troianos e para os dânaos, pela vontade do grande Zeus. /Isso sim cantava o aedo ilustre. Então Ulisses /Grande véu de púrpura tomando com as mãos fortes /Da cabeça fazia-o descer e escondia as belas faces. /Tinha vergonha dos feácios, os cílios banhados de lágrimas. /Mas cada vez que parava de cantar o divino aedo, /Enxugando as lágrimas, da cabeça o véu ele tirava e /Uma taça de duas asas tomando, oferecia libação aos deuses. /Então, quando de novo começava o aedo e o impeliam a cantar /Os melhores dos feácios, após alegrar-se com as palavras, /De novo Ulisses, escondendo a cabeça, gemia.

HOMERO. *Odisseia*, Canto VIII, versos 72-92. Ed. bilíngue. Trad. Donaldo Schüler. Porto Alegre: L&PM, 2007, 3 v.

Na Grécia tudo começa com a epopeia, tanto com a Ilíada *como com a* Odisseia, *ambas de Homero. O poeta que se apresentava cantando e acompanhado da lira narra episódios da Guerra de Troia, reconstituindo os acontecimentos, animados pelo dom da palavra, da imaginação e da memória. Presentificando o passado ausente, a história narrada comove a alma e é alívio das tensões. Na volta para a Grécia, Ulisses naufraga junto ao reino dos feácios. Miserável e enfraquecido, é levado por Nausica, que brincava na praia com suas companheiras, para a Corte de seu pai, o rei Alcino. Durante a festa em sua homenagem, o historiador-aedo narra acontecimentos, e Homero descreve com detalhes vívidos os gestos e emoções de Ulisses. A narrativa, como os remédios, é* phármakon, *remédio que faz esquecer as desgraças quando a dor e o sofrimento oprimem os mortais.*

Questões para refletir

1. Procurar em um dicionário de mitologia grega os nomes próprios que lhe são desconhecidos, a fim de compreender o sentido da invocação do poeta.
2. Que história está sendo narrada pelo aedo? Como o poeta reconstitui a cena? Qual a reação de Ulisses?
3. Estabeleça a relação entre a narrativa e os estados de alma do herói.

Texto 2. Tucídides (c. 460 a.C.-c. 400 a.C.) – *Narrativa da história do presente*

Depois que os tiranos de Atenas e do resto da Grécia, anteriormente tiranizada na maior parte, foram em geral e finalmente abatidos pelos lacedemônios, exceto os da Sicília (se a Lacedemônia, após a instalação dos dórios que hoje a habitam, esteve sujeita às mais longas rebeliões que conhecemos, do mesmo modo, desde os tempos mais antigos, também foi bem governada e sempre esteve livre de tiranos: são em torno de quatrocentos anos e mesmo um pouco mais, até o fim da presente guerra, que os lacedemônios têm a mesma constituição; por isso são poderosos e intervêm nos assuntos das outras cidades) – pois bem, depois da queda dos tiranos da Grécia, não muitos anos após, aconteceu, em Maratona, a batalha dos medos contra os atenienses. No décimo ano depois dela, de novo, o bárbaro, com um grande exército, veio à Grécia para escravizá-la. E já que um grande perigo se avizinhava, os lacedemônios, cujo poder predominava, chefiaram os gregos que fizeram a guerra em conjunto [...]. Mais tarde atenienses e lacedemônios entraram em guerra [...]. Desde as guerras médicas até a presente guerra, ora fazendo acordos, ora fazendo a guerra, quer uns contra os outros, quer contra seus aliados dissidentes, prepararam-se eles militarmente e fizeram-se mais experientes, exercitando-se em meio de perigos.

TUCÍDIDES. *História da Guerra do Peloponeso*, Cap. I, 1-23. Trad. Mario da Gama Cury. Brasília: Ed. da UnB, 1982.

Tucídides narra os acontecimentos que envolveram os gregos quando da invasão dos medos e persas, que escravizavam os gregos e tudo destruíram. Seu interesse maior é contar a História, mas somente a História do presente, razão pela qual é dessa perspectiva que os acontecimentos são ordenados. A oposição entre gregos e bárbaros não possui aqui o sentido de superioridade de gregos sobre os bárbaros. Estes são os não gregos. Os gregos não são pacíficos, já que muito guerreavam entre si.

Questões para refletir

1. Que modalidade de história Tucídides oferece ao leitor? É uma história econômica ou política? Justifique a resposta.
2. O que o autor considera a base da estabilidade do poder político e da vida social? Justifique.
3. O que sabemos sobre os próprios gregos nas passagens citadas?

Texto 3. Aristóteles (385 a.C.-322 a.C.) – *A história como ciência do particular*

> O ofício do poeta não é descrever coisas acontecidas ou ocorrência de fatos. Mais que isso, quando acontece, é segundo as leis da verossimilhança e da necessidade [...]. A diferença entre historiador e poeta é a de que o primeiro descreve fatos acontecidos, e o segundo, fatos que podem acontecer. Por isso é que a poesia é mais elevada e filosófica que a História; a poesia tende mais a representar o universal; a História, o particular. A ideia de universal é ter um indivíduo de determinada natureza, em correspondência às leis da verossimilhança e da necessidade.
>
> ARISTÓTELES. *Poética*, 1451-b11. Trad. Cavalcanti de Souza. São Paulo: Abril Cultural, 1973.

Aristóteles não escreveu uma obra sobre História. Em sua Poética, *apresenta reflexões sobre a História como "ciência poética" (poiesis), conhecimento do que é particular e não o que se ocupa com o universal e verdadeiro. A História não é o lugar da demonstração – objeto das ciências teóricas, cuja natureza se relaciona com o universal e o verda-*

deiro –, pois se desenvolve no plano da verossimilhança e das analogias. O poeta, aproximando-se mais do filósofo do que do historiador, trata do que pode vir a acontecer e, imitando o caráter dos homens e suas ações, educa os homens em valores enobrecedores. O poeta-historiador oferece modelos didáticos em seus retratos morais, o éthos de cada um, por exemplo, a coragem de Aquiles, a astúcia de Ulisses, a dignidade de Ifigênia, filha de Clitemnestra e de Agamêmnon.

Questões para refletir

1. Em que se aproximam poesia e História? Em que se separam?
2. Qual o critério de verdade na ciência e na poesia? Justifique.

Texto 4. Walter Benjamin (1892-1940) – *Lembrança e esquecimento*

A criança está doente. A mãe a leva para a cama e se senta a seu lado. E então começa a lhe contar histórias. Como se deve entender isso? Eu suspeitava da coisa até que N. me falou do poder de cura singular que deveria existir nas mãos de sua mulher. Porém, dessas mãos ele disse o seguinte: – Seus movimentos eram altamente expressivos. Contudo, não se poderia descrever sua expressão... Era como se contassem uma história. – A cura através da narrativa, já a conhecemos das fórmulas mágicas de Merseburg. Não é só que repitam as fórmulas de Odin, mas também relatam o contexto no qual ele as utilizou pela primeira vez. Também já se sabe como o relato que o paciente faz ao médico no início do tratamento pode se tornar o começo de um processo curativo. Daí vem a pergunta se a narração não formaria o clima propício e a condição mais favorável de muitas curas, e mesmo se não seriam todas as doenças curáveis se apenas se deixassem flutuar para bem longe – até a foz – na correnteza da narração. Se imaginamos que a dor é uma barragem que se opõe à corrente da narrativa, então vemos claramente que é rompida onde sua inclinação se torna acentuada o bastante para largar tudo o que encontra em seu caminho ao mar do ditoso esquecimento. É o carinho que delineia um leito para essa corrente.

> BENJAMIN, W. "Conto e cura". In: *Rua de mão única*.
> Trad. Rubens Rodrigues Torres Filho e José Carlos Martins
> Barbosa. São Paulo: Brasiliense, 2000, p. 269.

"Conto e cura" é uma das "Imagens do pensamento" de W. Benjamin e desenvolve a ideia de narrativa, o ato de escutar e o de dizer, o lembrar e o esquecer. O ouvinte tem uma "atenção distraída" com respeito ao que é narrado, por isso sempre algo é escutado e algo é esquecido. Esse jogo entre a lembrança e o esquecimento permite a cura das aflições; o momento da imersão na narrativa faz com que cada um se distancie do sofrimento. Um paralelo pode ser estabelecido com a Odisseia. De volta a Esparta, durante a comemoração do casamento de um dos filhos de Helena e Menelau, os ex-combatentes são tomados de tristeza pela recordação de suas dores. Helena então lhes oferece o nepenthés no vinho, a droga do esquecimento, talvez a beladona ou o ópio. Por um tempo, mesmo que alguma tragédia ocorresse, os ouvintes estavam a salvo de lembrar as dores passadas ou as

atuais. O nepenthés *era renomado por produzir o "esquecimento dos males e de suas causas". Essa insensibilidade à dor devia-se também às palavras de Helena que acompanhavam a oferenda. Para a helenista Jackie Pigeaud, o* nepenthés *são as próprias palavras.*

Questões para refletir

1. É possível estabelecer relações entre o fragmento de "Conto e cura" e a História? Justifique a resposta.
2. Quais as relações entre memória e esquecimento em suas implicações para a saúde da vida individual e coletiva? Quais os limites da memória e da recordação para o apaziguamento individual e coletivo?

DICAS DE VIAGEM

Para você continuar sua viagem pelo tema da História, sugerimos:

1. Assista aos seguintes filmes, tendo em mente as reflexões que fizemos neste livro.

   1.1. *Ifigênia em Áulis* (*Ifigenia*), direção de Michael Cacoyannis, Grécia, 1977 – Episódio da Guerra de Troia em que Agamêmnon, pai de Ifigênia, sacrifica a filha adolescente para continuar a viagem rumo a Troia. É uma reflexão sobre o imperialismo político, as paixões desmedidas de poder e glória e as catástrofes que isso implica.

   1.2. *Rainha Margot* (*La reine Margot*), direção de Claude Berri, França, 1994 – Filme sobre as guerras de religião na França no século XVI, reconstituindo conflitos entre católicos e protestantes.

   1.3. *Danton: o processo da Revolução* (*Danton*), direção de Andrzej Wajda, França, Polônia, Alemanha Ocidental, 1983 – O filme retrata as lutas entre jacobinos e girondinos na época do Terror na Revolução Francesa, projetando na personagem de Robespierre a de Lênin da Revolução Russa de 1917. Indica as lutas pelo poder e a perversão da luta pela liberdade sob ditadura, a opressão e a pena de morte na guilhotina como os prenúncios do Termidor e o término da Revolução. A Revolução Francesa e suas personagens são apresentadas como tragédia histórica à altura de um Shakespeare.

1.4. *Deuses malditos* (*La caduta degli dei*), direção de Luchino Visconti, Itália, Alemanha Ocidental, 1969 – Filme sobre as patologias sociais sob o Terceiro Reich alemão de Hitler e sob o nazismo.

1.5. *O fundo do ar é vermelho* (*La fond de l'air est rouge*), direção de Chris Marker, França, 1977 – Documentário ficção sobre a época de 1968. Reflexão sobre o estatuto da memória na reconstituição da História e as incertezas da ação política dos governantes e das massas.

1.6. *Julgamento em Nuremberg* (*Judgement at Nuremberg*), direção de Stanley Kramer, EUA, 1961 – Sobre o tribunal que no pós-guerra condenou os nazistas por crime contra a humanidade.

2. Indicações de leitura:
   2.1. Thomas Mann, *José e seus irmãos*. Trad. Agenor Soares de Moura. Rio de Janeiro: Nova Fronteira, 2000. Reconstituição romanesca da saga bíblica, costumes, imaginário e conflitos entre irmãos. Análise psicológica das personagens e seus caracteres éticos; a metafísica do amor não se limita a explicações psicológicas, porque o autor o concebe não como escolha, mas como eleição. É o caso do amor de Jacó por Raquel. Há ainda a apresentação imaginária da vida política da Antiguidade à luz dos acontecimentos na Alemanha sob o Terceiro Reich e Hitler.
   2.2. Leon Tolstoi, *Guerra e paz*. Trad. João Gaspar Simões. Porto Alegre: L&PM, 2008. Sobre as guerras napoleônicas na Rússia e a análise da aristocracia no momento em que o povo russo

rechaça Napoleão. Através da construção de suas personagens, o romancista cria uma história em que o caráter psicológico é determinante das atitudes políticas.

2.3. João Guimarães Rosa, *Grande sertão: veredas*. Rio de Janeiro: Nova Fronteira, 2008. Romance épico sobre as questões da luta entre o Bem e o Mal no sertão, luta metafórica entre o Brasil profundo, arcaico, e o país que busca a modernidade política pelas instituições legais.

3. Sugestões de pinturas históricas a serem contempladas:

3.1. *A Batalha dos Guararapes*, de Victor Meirelles de Lima. Trata-se de um episódio da História do Brasil, durante a Guerra do Paraguai, segundo o mito da não violência. Não há combate cruento, os militares são representados no momento de um encontro feliz. Seria uma guerra sem violência, uma guerra em que a guerra, por assim dizer, não aconteceu. A imagem pode ser vista em: http://upload.wikimedia.org/wikipedia/commons/a/a5/Meirelles-guararapes.jpg

3.2. *Dois e três de maio de 1808 ou Fuzilamento do Príncipe Pio*, de Francisco de Goya. O pintor retrata as atrocidades cometidas pelo exército de Napoleão na Espanha, exaltando o heroísmo de seus compatriotas. A imagem pode ser vista em: http://upload.wikimedia.org/wikipedia/commons/3/3f/Francisco_de_Goya_y_Lucientes_-_Los_fusilamientos_del_tres_de_mayo_-_1814.jpg

3.3. *Leônidas nas Termópilas*, de Jacques-Louis David. Devendo defender o desfiladeiro das Termópilas, Leônidas, com um pequeno contingente, enfrentará o exército inimigo do rei Xerxes, em 480 a.C. Diante da esmagadora superioridade numérica dos persas, Leônidas dispensa seus hoplitas e apenas com trezentos homens rende-se ao sacrifício, sabendo que não sobreviveriam. Há na obra o heroísmo cívico e patriótico dos guerreiros de Esparta. A imagem pode ser vista em: http://upload.wikimedia.org/wikipedia/commons/9/96/Jacques-Louis_David_004.jpg

3.4. *A liberdade guiando o povo*, de Eugène Delacroix. Nessa obra, Delacroix funde a figura da Liberdade com a da República, depois da ruptura revolucionária de 1789 e o fim do Antigo Regime. Essa liberdade marcha sobre uma barricada que é a imagem da liberdade e nutre-se dos combates de rua. A liberdade avança sobre uma "pirâmide de cadáveres". A imagem pode ser vista em: http://upload.wikimedia.org/wikipedia/commons/a/a7/Eug%C3%A8ne_Delacroix_-_La_libert%C3%A9_guidant_le_peuple.jpg

3.5. *A morte de Marat*, de Jacques-Louis David. David, pintor oficial da Revolução Francesa, representa Marat assassinado em sua banheira, santificado como um Cristo morto. Tela que, entre outras coisas, heroiciza o revolucionário e sua morte sacrificial, para exaltar a Revolução Francesa. A imagem pode ser vista em: http://upload.wikimedia.org/wikipedia/commons/a/aa/Death_of_Marat_by_David.jpg

LEITURAS RECOMENDADAS

CASSIN, Barbara & LORAUX, Nicole & PESCHANSKI, Catherine. *Gregos, bárbaros, estrangeiro.* Trad. Ana Lúcia de Oliveira e Lúcia Cláudia Leão. São Paulo: Editora 34, 1993.
As autoras tratam das questões da democracia e da cidadania, partindo de suas origens gregas, num conjunto de ensaios filosóficos, históricos e políticos.
COLI, Jorge. *O corpo da liberdade.* São Paulo: Cosac Naify, 2010.
O autor reflete sobre as relações entre arte, cultura e sociedade, analisando obras de artistas como Goya, Manet e Coubert, além de pintores brasileiros como Pedro Américo e Almeida Júnior.
CRUZ, Juan Cruz. *Filosofia da história.* São Paulo: Instituto Brasileiro de Filosofia e Ciência Raimundo Lúlio, 2007.
O autor dedica-se aos temas tratados pela Filosofia da História, abordando questões sobre a natureza do fato histórico e temas clássicos relacionados à História, tais

como o testemunho, a narrativa, o tempo, a tradição, a evolução, a liberdade e o sujeito da História.

GAGNEBIN, Jeanne-Marie. Sete aulas sobre linguagem, memória e história. Rio de Janeiro: Imago, 2005.

Com textos sobre História e Filosofia gregas, além de textos que analisam, por exemplo, o pensamento de Theodor Adorno e Walter Benjamin, a autora discorre sobre as relações entre poesia, História e Filosofia, analisando, entre outros temas, a angústia da morte, típica da Antiguidade, e a angústia da perecibilidade, típica da Modernidade.

HARTOG, François (org.). A história de Homero a Santo Agostinho. Trad. Jacyntho Lins Brandão. Belo Horizonte: Ed. da UFMG, 2001.

Antologia de textos escritos por autores da Antiguidade e da Antiguidade Tardia, nos quais se aborda a noção de História.

HUGHES, Robert. Goya. São Paulo: Companhia das Letras, 2007.

A obra analisa a produção de Goya, narrando sua vida a partir do contexto da transição do século XVIII ao século XIX, quando a Espanha ainda procurava resistir aos ideais iluministas franceses.

JAEGER, Werner. *Paideia: os ideais da cultura grega*. 5ª ed. Trad. Artur M. Parreira. São Paulo: WMF Martins Fontes, 2010.

Obra clássica sobre os ideais de educação na Grécia. Em vários capítulos, ao abordar o pensamento de diferentes autores, toca-se na noção de História.

PECORARO, Rossano. *Filosofia da história*. Rio de Janeiro: Zahar, 2009.

Introdução ao campo de reflexão filosófica intitulado "Filosofia da História". O autor analisa o pensamento de autores antigos, como Santo Agostinho, por exemplo, chegando aos modernos e pós-modernos.

REIS, José Carlos. *A história entre a filosofia e a ciência*. São Paulo: Autêntica, 2004.

O autor mostra como, no século XIX, a História se emancipa da Filosofia e da literatura, aderindo à ciência. No século XX, formula-se outra abordagem da História, permitindo uma nova concepção do evento histórico e da ação humana na História.